Herbstspaß mit Rabe, Igel & Co.

Der Sommer hat sich verabschiedet und der Herbst steht vor der Tür.

Und dass es zu dieser Jahreszeit ebenfalls bunt und lustig zugehen kann, beweisen die gut gelaunten Tiere hier im Buch: Sie sammeln Früchte und Nüsse, haben Spaß beim Laternenlauf oder bereiten sich mit ihrem Kuschelkissen auf den Winterschlaf vor.

Wie schön, dass die witzigen Wegbegleiter dank der genauen Vorlagen und Anleitungen ganz einfach nachzumalen sind – auf dass es diesen Herbst auch an Ihren Fenstern bunt und fröhlich zugeht.

Ich wünsche Ihnen viel Spaß beim Malen!

Ihre

Monika Gänsler

MATERIALIEN UND WERKZEUGE

Folgende Materialien und Werkzeuge werden für fast jedes der im Buch gezeigten Motive benötigt:

- Windowcolor-Konturenfarbe
- Windowcolor
- Windrad- bzw. Mobilefolie, 0,4 mm stark, Adhäsionsfolie oder eine andere Malfolie, z. B. Klarsichthüllen (aus PE oder PP)
- Glaskügelchen in verschiedenen Farben und Größen (mini ø 0,5 mm, normal ø 1,5 mm bis 2 mm)
- UHU Alleskleber Kraft
- Klebefilm
- evtl. Seitenschneider (um Drähte abzuknipsen)
- evtl. Malspitze (für eine dünne Kontur)
- geglühter Bindedraht, ø 0,35 mm, 0,65 mm und 1,4 mm
- Stopfnadel oder Zahnstocher (zum Verteilen der Farbe)
- Nähnadel (um die Folie zu durchstechen)
- Stecknadel
- Schere
- evtl. Cutter mit Schneideunterlage
- Lochzange
- Pinzette (zum gezielten Aufbringen der Accessoires)

Hinweise: Der 1,4 mm starke Bindedraht ist unter dem Namen „Rödeldraht" im Baustoffhandel erhältlich.

Mit „Rest" ist immer ein Stück gemeint, das maximal A5 groß ist.

Die verschiedenen Malfolien

Grundsätzlich hängt die Entscheidung für eine bestimmte Folienart immer von der Verwendung des Motives ab.

Windrad- bzw. Mobilefolie

Hierbei handelt es sich um eine stabile Folie, die sich fest mit dem Motiv verbindet. Sie ist gut für Mobiles usw. geeignet.

Adhäsionsfolie

Auch bei der Adhäsionsfolie verbindet sich das Motiv mit der Folie und lässt sich nicht mehr ablösen. Nach dem Trocknen kann das Motiv ausgeschnitten und auf der Fensterscheibe angebracht werden. Das Motiv ist aber stabiler und lässt sich auch leichter wieder von der Scheibe lösen.

Andere Malfolien, z.B. Klarsichthüllen

Von den Klarsichthüllen lässt sich das Motiv nach dem Malen einfach ablösen. Auch zum Aufbewahren der Motive eignen sich Klarsichthüllen gut.

Hinweise: Die bei jedem Motiv angegebene Folie ist frei gewählt. Sie können je nach Verwendung auch andere Folien verwenden. Beachten Sie jedoch die Eigenarten der verschiedenen Folien. Die Folienmaße sind so angegeben, wie man sie für dieses Motiv benötigt.

So wird's gemacht

1 Das gewünschte Motiv vom Vorlagenbogen kopieren oder den Bogen so falten, dass das Motiv oben liegt. Die Malfolie auf die Vorlage legen und festkleben. Dann das Motiv mit der Konturenfarbe nachziehen.

2 Nach dem Trocknen der Konturen (Herstellerangaben beachten) unschöne Linien korrigieren bzw. wegschneiden und neu aufzeichnen. Dabei vorsichtig arbeiten und die Folie nicht zerschneiden. Dann die Flächen mit Windowcolor bis zum Konturenrand ausfüllen. Dazu am besten eine Stopfnadel oder einen Zahnstocher benutzen. Schattierungen erhält man, indem man die noch feuchten Farben mit einem dünnen, spitzen Gegenstand (z. B. einer Stopfnadel oder einem Zahnstocher) gleichmäßig ineinander zieht. Falls ein Motiv mit Glaskügelchen verziert werden soll, müssen diese in die noch feuchte Farbe gestreut werden.

3 Das komplett ausgefüllte Bild trocknen lassen. Die Farbe braucht einige Stunden (ca. 24 Std.) Trockenzeit. Erst wenn das Motiv vollständig trocken ist, kann es von der Folie abgelöst (bei Malfolie) oder daraus ausgeschnitten (bei Windrad- bzw. Mobilefolie oder auch Adhäsionsfolie) und aufgehängt bzw. aufgeklebt werden.

1

2

3

Tipps und Tricks

- Die Augen lassen sich auch gut mit schwarzer Konturenfarbe arbeiten.
- Das Ablösen des Bildes von der Fensterscheibe kann bei kalten Temperaturen schwierig sein, weil das Motiv hart wird und deshalb leicht bricht. In dem Fall warten, bis die Sonne die Scheibe erwärmt hat, oder einen Föhn verwenden.
- Beim Auftragen von Windowcolor entstehen häufig kleine Bläschen. Diese am besten sofort mit einer Stecknadel aufstechen.
- Wenn die Motive gelagert werden sollen, immer ein Stück Folie dazwischen legen, damit sie nicht zusammenkleben.
- Zu dick aufgemalte Konturen (z. B. für Schnurrhaare) lassen sich im getrockneten Zustand vorsichtig mit einem Cutter schmaler schneiden.

Willkommen

→ kann auch ohne Füße gearbeitet werden

MOTIVHÖHE
ca. 25 cm (mit Füßchen)

MATERIAL

- Konturenfarbe in Schwarz und Bleimetallic
- Windowcolor in Mittelbraun, Hellbraun, Bernstein, Hautfarbe, Korallenrot, Weiß, Reseda, Grau und Olivgrün
- Windrad- bzw. Mobilefolie, 0,4 mm stark, 25 cm x 22 cm
- Glaskügelchen in Weiß und Grün, ø 2 mm
- Miniglaskügelchen in Grün, ø 0,5 mm
- Bindedraht, ø 0,65 mm und 1,4 mm
- Knopf in Rot, ø 1,5 cm
- Nähgarn in Grün

VORLAGENBOGEN 1A

1 Die Konturen der Pilze und der entsprechenden Grasfläche in Bleimetallic ziehen, die restlichen in Schwarz. Die Nase und die Wangen aufmalen und alles trocknen lassen.

2 Die restlichen Flächen mit Windowcolor ausfüllen. Die Kopffedern, die Flügel und die Grasfläche mit den Glaskügelchen bzw. Miniglaskügelchen bestreuen.

3 Nach dem Trocknen alle Teile ausschneiden und lochen. Den Knopf mit etwas Nähgarn verzieren und mit Klebstoff anbringen. Die Füße mit zwei ca. 8 cm langen, dünnen Drahtstücken, deren Enden zu Ösen gebogen werden, am Schild andrahten. Den dicken Draht in Form biegen und das Motiv damit aufhängen.

Willkommen!

MOTIVHÖHE
ca. 16 cm

MATERIAL

- Konturenfarbe in Schwarz und Bleimetallic
- Windowcolor in Mittelbraun, Terrakotta, Reseda, Ultramarinblau, Azurblau, Bernstein, Korallenrot, Hautfarbe, Olivgrün und Grau
- Windrad- bzw. Mobilefolie, 0,4 mm stark, 25 cm x 20 cm
- Glaskügelchen in Weiß, Blau und Grün, ø 2 mm
- Miniglaskügelchen in Grün, ø 0,5 mm
- Bindedraht, ø 1,4 mm

VORLAGENBOGEN 1B

Meine Wintervorräte

→ jetzt kann der Winter kommen

1 Die Konturen der Grasfläche in Bleimetallic und die restlichen Konturen in Schwarz auf die Folie malen. Die Felge übertragen.

2 Nach dem Trocknen das Motiv mit Windowcolor ausmalen. Den Eichhörnchenschwanz, den Nusswagen, das Tuch und die Grasfläche mit den Glaskügelchen und die Nusshüte mit den Miniglaskügelchen bestreuen.

3 Nach dem Trocknen das Motiv ausschneiden, lochen und mit Draht aufhängen.

Schaut her, was ich kann!

→ jetzt kann der Winter kommen

MOTIVHÖHE
ca. 23,5 cm

MATERIAL

- Konturenfarbe in Schwarz
- Windowcolor in Hautfarbe, Mittelbraun, Weiß, Bernstein, Terrakotta, Azurblau, Hellgrün, Reseda und Kristallklar
- Malfolie, A4
- Glaskügelchen in Grün, Weiß und Blau, ø 2 mm
- Miniglaskügelchen in Grün, ø 0,5 mm

VORLAGENBOGEN 1A

1 Das Motiv mit der Konturenfarbe auf die Folie übertragen.

2 Nach dem Trocknen alle Farbflächen ausfüllen. Die Hose erhält blaue, die Schwanzspitze weiße und die Grasfläche grüne Glaskügelchen in die noch frische Farbe eingestreut, das Blatt Miniglaskügelchen.

3 Zum Schluss die Flächen zwischen dem Motiv und der gepunkteten Linie (siehe Vorlagenbogen) mit Kristallklar ausfüllen.

Willkommen in meinem Kürbishaus

→ ein Blickfang im Kinderzimmer

MOTIVHÖHE

ca. 26 cm

MATERIAL

- Konturenfarbe in Schwarz
- Windowcolor in Weiß, Olivgrün, Reseda, Gelb, Orange, Korallenrot, Hautfarbe, Azurblau, Kirschrot und Bernstein
- Windrad- bzw. Mobilefolie, 0,4 mm stark, 35 cm x 30 cm
- Glaskügelchen in Weiß, ø 2 mm
- Miniglaskügelchen in Grün, ø 0,5 mm
- Satinband in Blau, 3 mm breit, 60 cm lang

VORLAGENBOGEN 1A

1 Das Motiv mit der Konturenfarbe auf die Folie übertragen. Den Wangenfleck und die Steinplatten aufmalen. Alles trocknen lassen.

2 Die restlichen Flächen mit Windowcolor ausfüllen. Den Rauch mit Glaskügelchen und die Bodenfläche mit Miniglaskügelchen verzieren.

3 Nach dem Trocknen das Motiv ausschneiden, lochen und mit Satinband aufhängen.

Ich liebe Eicheln

→ die Wildgans als Feinschmecker

MOTIVHÖHE
ca. 24 cm

MATERIAL
- Konturenfarbe in Schwarz
- Windowcolor in Weiß, Bernstein, Grau, Korallenrot, Reseda, Hautfarbe und Olivgrün
- Windrad- bzw. Mobilefolie, 0,4 mm stark, 14 cm x 28 cm
- Bindedraht, ø 1,4 mm

VORLAGENBOGEN 1B

1 Das Motiv mit Konturenfarbe auf die Folie malen, das Muster des Tuches ergänzen und alles trocknen lassen.

2 Die restlichen Farbflächen ausfüllen.

3 Nach dem Trocknen das Motiv ausschneiden und lochen. Die Wildgans unter den in Form gebogenen Draht hängen.

MOTIVHÖHE
ca. 21 cm

MATERIAL
- Konturenfarbe in Schwarz und Bleimetallic
- Windowcolor in Bernstein, Hellbraun, Gelb, Azurblau, Ultramarinblau, Hautfarbe, Reseda, Kirschrot, Weiß und Kristallklar
- Malfolie, 26 cm x 26 cm
- Glaskügelchen in Blau, ø 2 mm
- Miniglaskügelchen in Grün, ø 0,5 mm

VORLAGENBOGEN 1B

He, wer schläft denn da?

→ mit vollem Bauch schläft's sich gut

1 Die Konturen der Hasen und der Leiter in Schwarz, die restlichen in Bleimetallic aufmalen. Die Wangen ergänzen und alles trocknen lassen.

2 Alle Flächen ausfüllen. Die Flächen zwischen dem Motiv und der gepunkteten Linie (siehe Vorlagenbogen) dabei mit Kristallklar ausmalen. In die noch feuchte Farbe der Hose die Glaskügelchen und in die Blätter die Miniglaskügelchen einstreuen.

MOTIVHÖHE
Fledermaus von vorne ca. 10,5 cm

MATERIAL
- Konturenfarbe in Schwarz
- Windowcolor in Grau, Korallenrot, Hautfarbe, Weiß und Schwarz
- Windrad- bzw. Mobilefolie, 0,4 mm stark, A4
- Glaskügelchen in Blau, ø 2 mm
- Nähgarn in Schwarz
- Zweig, z. B. Schlehe

VORLAGEN-BOGEN 1B

Hui, wir kommen!

→ niedliches Herbst-Mobile

1 Die Konturen und die Nasen und Wangen aufmalen und trocknen lassen.

2 Die restlichen Farbflächen ausfüllen und die Flügel mit den Glaskügelchen bestreuen.

3 Nach dem Trocknen die Motive ausschneiden, mit einer Nähnadel in jede Fledermaus ein kleines Loch stechen, das Nähgarn durchfädeln und verknoten. Die Fledermäuse an den Zweig hängen.

Tipp: Die Fledermäuse können auch als Stecker gearbeitet werden. Das sieht auch sehr hübsch aus.

Witzige Vogelscheuche

Anleitung auf Seite 14

Witzige Vogelscheuche

→ lacht alle fröhlich an

1 Die Kontur aufmalen, die Nasen und alle Pünktchen ergänzen. Trocknen lassen.

2 Die restlichen Farbflächen ausfüllen. Den gestreiften Flicken dabei Streifen für Streifen aufmalen und zwischendurch trocknen lassen. In die Ähre, das Haar, den Flicken und die Füße des Raben Glaskügelchen einstreuen.

3 Etwas Nähgarn durch die Knopflöcher ziehen und die Knöpfe dann, wenn alle Farben trocken sind, aufkleben. Das Motiv lochen, eine Bastschlaufe durchfädeln und oben verknoten.

MOTIVHÖHE
ca. 24,5 cm

MATERIAL
- Konturenfarbe in Schwarz
- Windowcolor in Gelb, Arktis, Orange, Korallenrot, Reseda, Weiß, Terrakotta und Ultramarinblau
- Windrad- bzw. Mobilefolie, 0,4 mm stark, A4
- Glaskügelchen in Weiß und Blau, ø 2 mm
- 2 Knöpfe in Rot, ø 1,3 cm
- Nähgarn in Gelb
- Bastelbast in Natur

VORLAGEN-BOGEN 1A

Leuchte, liebe Laterne

→ zwei nette Freunde

MOTIVHÖHE
ca. 21,5 cm

MATERIAL
- Konturenfarbe in Schwarz und Bleimetallic
- Windowcolor in Korallenrot, Gelb, Weiß, Grau, Ultramarinblau, Reseda, Hellgrün und Kristallklar
- Malfolie, A4
- Glaskügelchen in Blau, ø 2 mm
- Miniglaskügelchen in Grün, ø 0,5 mm
- Flitter in Gold

VORLAGENBOGEN 1B

1 Die Kontur der Grasfläche in Bleimetallic, die restlichen in Schwarz arbeiten.

2 Die Nase, die Wange, alle Pfoten und die Schwanzspitze der Katze, die Wange der Maus und die Streifen des Schals, die Lichtstrahlen, die Pünktchen in der Laterne und in der Mütze aufmalen und trocknen lassen. Danach die restlichen Farbflächen ausfüllen. Für den Hintergrund Kristallklar zwischen dem Motiv und der gepunkteten Linie (siehe Vorlagenbogen) auftragen.

3 In die noch feuchte Farbe der Sterne und der Grasfläche Glaskügelchen einstreuen und die Sterne zusätzlich mit etwas Flitter verzieren.

Hallo

→ lustige Gesellschaft

MOTIVHÖHE
ca. 19,5 cm

MATERIAL
- Konturenfarbe in Schwarz
- Windowcolor in Bernstein, Hautfarbe, Korallenrot, Reseda, Olivgrün, Weiß und Tannengrün
- Windrad- bzw. Mobilefolie, 0,4 mm stark, 25 cm x 20 cm
- Glaskügelchen in Weiß, ø 2 mm
- Miniglaskügelchen in Grün, ø 0,5 mm
- Bastelbast in Grün

VORLAGEN-BOGEN 1B

1 Das Motiv mit der Konturenfarbe auf die Folie übertragen. Alle Wangen und die Knabberstelle aufmalen und trocknen lassen.

2 Die Farbflächen ausfüllen. Die Pilzkappen und die vordere Grasfläche mit Glaskügelchen und die hinteren Grasflächen mit Miniglaskügelchen bestreuen.

3 Das Motiv trocknen lassen, ausschneiden und lochen. Durch das Aufhängeloch eine Bastschlaufe ziehen und oben verknoten.

Tipp: Die Flächen zwischen beiden Pilzen, Pilz und Frosch und Frosch und Hand können auch stehen bleiben.

MOTIVHÖHE
ca. 22,5 cm

MATERIAL

- Konturenfarbe in Schwarz
- Windowcolor in Mittelbraun, Hellbraun, Hautfarbe, Bernstein, Azurblau, Korallenrot, Weiß, Hellgrün und Reseda
- Windrad- bzw. Mobilefolie, 0,4 mm stark, 30 cm x 20 cm
- Glaskügelchen in Weiß, ø 2 mm
- Miniglaskügelchen in Grün, ø 0,5 mm
- Satinband in Dunkelblau, 3 mm breit, 40 cm lang

VORLAGENBOGEN 2A

Eine Pause muss sein

→ ein niedliches Paar

1 Mit der Konturenfarbe alle Linien nachziehen, die Wangen und die Pilzpunkte aufmalen und alles trocknen lassen.

2 Die restlichen Farbflächen ausmalen. Die Schwanzfedern mit Glaskügelchen und das Gras mit Miniglaskügelchen bestreuen.

3 Das Motiv trocknen lassen, ausschneiden und lochen. Ein Satinband als Aufhängeband durch das Loch ziehen und verknoten.

Blätterspaß

→ toll an Sprossenfenstern, aber auch auf Vasen

MOTIVHÖHE
Igelmann ca. 10 cm

MATERIAL
- Konturenfarbe in Schwarz
- Windowcolor in Mittelbraun, Kirschrot, Reseda, Olivgrün, Bernstein, Gelb, Korallenrot, Ultramarinblau und Kristallklar
- Malfolie, A4
- Glaskügelchen in Weiß, ø 2 mm

VORLAGENBOGEN 2A

1 Alle Motive mit Konturenfarbe auf die Folie malen und die Wangen und die Pünktchen des Rockes ergänzen. Trocknen lassen.

2 Dann die restlichen Flächen ausfüllen. In die Haare und das Körbchen noch ein paar Glaskügelchen einstreuen. Die einzelnen Motive mit etwas Kristallklar umranden (siehe Vorlagenbogen).

Kleine Nager

→ besonders für Glasschalen geeignet

MOTIVBREITE
Mausmotiv ca. 11,5 cm

MATERIAL
- Konturenfarbe in Schwarz
- Windowcolor in Grau, Hellbraun, Reseda, Olivgrün, Hautfarbe und Kristallklar
- Malfolienreste
- Samtpuder in Grau

VORLAGENBOGEN 2B

1 Die Motive mit Konturenfarbe auf die Folie übertragen und trocknen lassen.

2 Die Maus ausmalen. Auf die noch feuchte Farbe Samtpuder streuen, trocknen lassen und danach die Puderreste abschütteln. Jetzt alle Flächen ausfüllen und trocknen lassen. Auf den Zwischenraum zwischen Schwänzchen und Körper und um den Stiel des Blattes herum Kristallklar auftragen (siehe Vorlagenbogen).

3 Das Motiv zweimal arbeiten, nach dem Trocknen von der Folie abziehen und auf die Schale kleben.

Einfach zum Reinbeißen!

→ auch ohne Samtpuder hübsch

1 Das Motiv mit Konturenfarbe auf die Folie malen und trocknen lassen.

2 Den Körper der Maus ausmalen und die frische Farbe mit Samtpuder bestreuen. Nach dem Trocknen den restlichen Puder abschütteln. Jetzt die übrigen Flächen ausmalen, für den Apfel wird dabei Kirschrot, Orange und Korallenrot gemischt. Den Apfel mit Miniglaskügelchen bestreuen. Alles trocknen lassen.

3 Das Motiv ausschneiden. Der Maus ein Satinband um den Hals legen, ein Glöckchen darauf auffädeln und es zur Schleife binden. Das Motiv lochen und mit dem anderen Satinbandstück aufhängen.

Tipp: Die Windradfolie zwischen den Fühlern am besten stehen lassen.

MOTIVHÖHE
ca. 24 cm

MATERIAL
- Konturenfarbe in Schwarz
- Windowcolor in Grau, Kirschrot, Weiß, Schwarz, Korallenrot, Orange, Hautfarbe, Hellbraun, Mittelbraun, Hellblau, Reseda und Olivgrün
- Windrad- bzw. Mobilefolie, 0,4 mm stark, A4
- Samtpuder in Grau
- Miniglaskügelchen in Rot, ø 0,5 mm
- Messingglöckchen, ø 9 mm
- Satinband in Dunkelblau, 3 mm breit, 30 cm (Schleife) und 40 cm lang (Aufhängeband)

VORLAGENBOGEN
2 B

Ich und mein Kuschelkissen

→ süße Träume!

1 Der Igel erhält eine schwarze, der Rest eine bleimetallicfarbene Kontur. Die Wange aufmalen und alles trocknen lassen.

2 Dann die Knöpfe und die mittleren Streifen des Inletts aufmalen. Nochmals trocknen lassen und danach die restlichen Streifen des Inletts ausfüllen.

3 Alle Farbflächen ergänzen. Den Kopf und das Kissen mit Glaskügelchen und das große Blatt mit Miniglaskügelchen bestreuen.

4 Nach dem Trocknen alle Teile ausschneiden. Die Blätter mit dünnem Bindedraht unter das Motiv hängen. Dazu mit einer Nadel Löcher stechen, den Draht durchfädeln, verzwirbeln und die Drahtenden locken. Das komplette Motiv unter den in Form gebogenen dicken Draht hängen.

Tipp: Die einzelnen Blätter können auch mit Nähgarn angehängt werden.

MOTIVHÖHE
ca. 28 cm

MATERIAL
- Konturenfarbe in Schwarz und Bleimetallic
- Windowcolor in Mittelbraun, Zartrosa, Arktis, Korallenrot, Hautfarbe, Schwarz, Azurblau, Weiß, Reseda und Olivgrün
- Windrad- bzw. Mobilefolie, 0,4 mm stark, A4
- Glaskügelchen in Weiß und Blau, ø 2 mm
- Miniglaskügelchen in Grün, ø 0,5 mm
- Bindedraht, ø 0,35 mm und 1,4 mm

VORLAGENBOGEN 1A

MOTIVHÖHE
ca. 15 cm

MATERIAL

- Konturenfarbe in Schwarz
- Windowcolor in Bernstein, Kirschrot, Terrakotta, Mittelbraun, Reseda, Olivgrün, Hautfarbe, Azurblau, Weiß, Gelb und Korallenrot
- Windrad- bzw. Mobilefolienrest, 0,4 mm stark
- Glaskügelchen in Grün und Weiß, ø 2 mm
- Miniglaskügelchen in Grün, ø 0,5 mm
- Bindedraht, ø 1,4 mm

VORLAGENBOGEN
2 B

Juhu, wir schaukeln!

→ bringt jeden zum Schmunzeln

1 Das Motiv mit der Konturenfarbe auf die Folie übertragen. Die Wangen und die Pünktchen der Schuhe auftragen. Alles trocknen lassen.

2 Danach die Farbflächen ausfüllen. Die Eichhörnchenschwänze mit weißen und das Eichelhütchen mit grünen Glaskügelchen verzieren. Die Grasfläche erhält Miniglaskügelchen aufgestreut.

3 Nach dem Trocknen alles sorgfältig ausschneiden. Die Flächen zwischen den Köpfen und den Schwänzen können stehen bleiben. Das Motiv lochen und unter den in Form gebogenen Draht hängen.

Hier macht das Brüten keinen Sinn

→ etwas aufwändiger

MOTIVHÖHE
ca. 24,5 cm

MATERIAL
- Konturenfarbe in Schwarz
- Windowcolor in Korallenrot, Kirschrot, Orange, Weiß, Gelb, Azurblau, Hellgrün, Grau und Reseda
- Windrad- bzw. Mobilefolie, 0,4 mm stark, A4
- Glaskügelchen in Weiß, ø 2 mm
- Miniglaskügelchen in Rot, ø 0,5 mm
- Samtpuder in Rot, Gelb und Weiß
- 2 Knöpfe in Gelb, ø 6 mm
- Messingglöckchen, ø 9 mm
- Satinband in Blau, 3 mm breit, 35 cm lang
- Nähgarn in Rot

VORLAGENBOGEN 2A

1 Das Motiv mit Konturenfarbe auf die Folie malen und trocknen lassen.

2 Den Hahnenkamm und die Kehlläppchen mit Windowcolor ausmalen und mit rotem Samtpuder bestreuen. Sobald die Farbe trocken ist, den restlichen Puder abschütteln. Den Schnabel und beide Beine ebenso arbeiten, dann den weißen Körper.

3 Die restlichen Farbflächen ausfüllen, der Kürbis wird dabei mit Orange und Korallenrot gearbeitet. Das Gras mit Glaskügelchen und den Kürbis mit Miniglaskügelchen bestreuen.

4 Wenn alles trocken ist, der Weste zwei Knöpfe aufkleben, die vorher mit etwas Nähgarn verziert wurden. Wenn der Klebstoff trocken ist, das Huhn ausschneiden und lochen. Ein Satinband durch das Loch fädeln, ein kleines Messingglöckchen darauf aufziehen und das Band verknoten.

Tipp: Auch ohne Samtpuder sieht das Huhn niedlich aus.

Los geht die Fahrt

→ für die Kontur der Räder benötigt man eine ruhige Hand

MOTIVHÖHE
ca. 19 cm

MATERIAL

- Konturenfarbe in Schwarz
- Windowcolor in Schwarz, Weiß, Orange, Arktis, Korallenrot, Reseda, Gelb, Hautfarbe, Hellgrün, Olivgrün und Kristallklar
- Malfolie, 24 cm x 30 cm
- Glaskügelchen in Grün und Weiß, ø 2 mm
- Miniglaskügelchen in Grün, 0,5 mm

VORLAGENBOGEN 2A

1 Das Motiv mit Konturenfarbe auf die Folie übertragen, die Felgen und den Wangenfleck des Raben ergänzen und alles trocknen lassen.

2 Die Farbflächen ausfüllen. Das Blatt mit Miniglaskügelchen, die Kopffedern und die Grasfläche mit Glaskügelchen verzieren.

3 Für mehr Stabilität die Flächen zwischen dem Motiv und den gepunkteten Linien (siehe Vorlagenbogen) mit Kristallklar ausfüllen.

MOTIVHÖHE
ca. 24,5 cm

MATERIAL

- Konturenfarbe in Schwarz
- Windowcolor in Weiß, Türkisblau, Orange, Mittelbraun, Hellbraun, Hautfarbe, Reseda, Gelb und Olivgrün
- Windrad- bzw. Mobilefolie, 0,4 mm stark, A4
- Glaskügelchen in Weiß, Grün und Blau, ø 2 mm
- Satinband in Orange, 3 mm breit, 40 cm lang
- 2 Holzperlen in Grün, ø 8 mm

VORLAGENBOGEN 2B

Im Herbst brauche ich Vitamine

→ besonders gut fürs Küchenfenster geeignet

1 Das Motiv mit Konturenfarbe auf die Windradfolie übertragen und die Wangen und die Fußflecken aufmalen.

2 Nach dem Trocknen die Farbflächen ausfüllen, mit Glaskügelchen verzieren und trocknen lassen.

3 Das Motiv ausschneiden, lochen und mit einem Satinband, auf das zwei Holzperlen aufgefädelt werden, aufhängen.

Tipp: Der Zwischenraum zwischen dem Ohr, der Möhre und den Fühlern kann ruhig stehen bleiben.

Welch ein nettes Plätzchen

→ sieht auch ohne Klangstäbe hübsch aus

1 Das Motiv und die Spinne auf Folie übertragen. Die Pilzpunkte, die Katzenohren und die Schneckennase aufmalen und trocknen lassen.

2 Die Farbflächen ausfüllen und die Schneckenfühler anmalen. Das Schneckenhaus, den Pilzstiel und die Grasfläche mit Glaskügelchen und die Blätter mit Miniglaskügelchen bestreuen. Alles trocknen lassen.

3 Auf den Samtfaden die Holzperlen auffädeln, durch zwei Knoten sichern und zu einer Schleife binden. Das fertige Motiv und die Spinne ausschneiden. Dabei die Folie zwischen den Spinnenbeinen und den Schneckenfühlern stehen lassen. Die Motive lochen und die Klangstäbe unter das Motiv und die Spinne mit Nähgarn unter die Pilzkappe hängen. Die Schleife aufkleben. Zum Schluss das Motiv mit Satinband aufhängen.

MOTIVHÖHE
ca. 19 cm (ohne Klangstäbe)

MATERIAL
- Konturenfarbe in Schwarz
- Windowcolor in Korallenrot, Weiß, Schwarz, Ultramarinblau, Hautfarbe, Gelb, Bernstein, Reseda und Olivgrün
- Windrad- bzw. Mobilefolie, 0,4 mm stark, 24 cm x 22 cm
- Glaskügelchen in Blau, Weiß und Grün, ø 2 mm
- Miniglaskügelchen in Grün, ø 0,5 mm
- 6 hohle Klangstäbe in Blau 8 cm lang
- Samtfaden in Rot, ø 2 mm, 15 cm lang
- Satinband in Blau, 3 mm breit, 50 cm lang
- 2 Holzperlen in Gelb, ø 6 mm
- Nähgarn in Schwarz

VORLAGENBOGEN
2 B

MOTIVHÖHE
ca. 19 cm

MATERIAL
- Konturenfarbe in Schwarz
- Windowcolor in Weiß, Gelb, Hellgrün, Reseda, Korallenrot, Terrakotta, Hautfarbe und Olivgrün
- Windrad- bzw. Mobilefolie, 0,4 mm stark, A4
- Glaskügelchen in Weiß, ø 2 mm
- Miniglaskügelchen in Grün, ø 0,5 mm
- Bindedraht, ø 1,4 mm

VORLAGEN-BOGEN 2A

Ein kleines Schnecklein

→ einfach niedlich

1 Das Motiv mit Konturenfarbe auf die Folie übertragen und die Nase, beide Wangen und die Blütenmitte aufmalen.

2 Nach dem Trocknen die restlichen Farbflächen ausfüllen. Die Pilzkappe mit Glaskügelchen, die Blätter und das Schneckenhaus mit Miniglaskügelchen bestreuen.

3 Wenn alles trocken ist, das Motiv ausschneiden, lochen und in den gebogenen Bindedraht einhängen.

Tipp: Falls Sie keinen Bindedraht zur Hand haben, können Sie natürlich auch Satinband für die Aufhängung verwenden.

Oh, dieses Herbstwetter

Anleitung auf Seite 32

Oh, dieses Herbstwetter

→ aber dank einem Schirm bleibt jeder trocken

MOTIVHÖHE
ca. 21,5 cm

MATERIAL
- Konturenfarbe in Schwarz
- Windowcolor in Korallenrot, Gelb, Ultramarinblau, Reseda, Arktis, Grau, Schwarz, Hautfarbe, Hellgrün, Weiß und Kristallklar
- Malfolie, A4
- Glaskügelchen in Weiß, ø 2 mm
- Miniglaskügelchen in Blau, ø 0,5 mm

VORLAGEN-BOGEN 2B

1 Die Konturen aufzeichnen, die Körperpunkte der Raupe aufmalen und alles trocknen lassen.

2 Jetzt den Stachel und die Stirn der Raupe aufmalen und wieder trocknen lassen.

3 Dann die restlichen Farbflächen ausfüllen. Den Flügel, die Schwanzfedern, die Tropfen und die Pfütze mit Glaskügelchen und den Schirm mit Miniglaskügelchen bestreuen.

4 Zum Schluss die Flächen zwischen dem Motiv und den gepunkteten Linien (siehe Vorlagenbogen) mit Kristallklar ausfüllen.

DIESES BUCH ENTHÄLT 2 VORLAGENBOGEN

IMPRESSUM

FOTOS: frechverlag GmbH, 70499 Stuttgart; Fotostudio Ullrich & Co., Renningen
DRUCK: frechdruck GmbH, 70499 Stuttgart

Auflage: 5. 4. 3. 2. 1.
Jahr: 2008 2007 2006 2005 2004 [Letzte Zahlen maßgebend]

ISBN 3-7724-3275-1
Best.-Nr. 3275